CHAMPION
LUP BANQUE
9
CHAMPION
7
SECURTY

17

Les foot furieux

Gürsel

JOKER EDITIONS

P&T PRODUCTION SPRL • JOKER EDITIONS 11, avenue de Visé • 1170 Bruxelles • BELGIQUE
Tél. : +32 (0)2 672 23 18 • www.editions-joker.com • e-mail : joker@editions-joker.com

ISBN : 978-287265-526-7
D/2013/5336/467
Premier tirage

Co-Scénario: Thierry Taburiaux
Maquette de couverture : Alain Bietton - Lettre Age sprl
Imprimé et relié par Lesaffre - Tournai - Belgique

GOOOOALLL !!!
RESPECT
OUAISS!
HOP !
GO, GO...
GOAAAL !
WOUWW...
WOUP,
WOUP...
WOUPAAAA !
YEAAAAAHH !!!
J'AI MARQUÉ !
EUH... JE SUIS
DÉSOLÉ !!!
AH OUI ? BEN AU PREMIER COUP
D'OEIL, C'EST PAS ÉVIDENT !!!

LES GARS! JE VEUX DE LA VIGILANCE! AU VU DU TRAVAIL RÉALISÉ, VOUS NE CRAIGNEZ PLUS PERSONNE, OK ?!
POUR RAPPEL, NOUS ADOPTONS UN SEUL SYSTÈME DE JEU, TOUJOURS EN ATTAQUE 3-5-2 !!!
NORMALEMENT AVEC CE PRINCIPE ON PEUT TOUJOURS GAGNER ! MAINTENANT, ON RÉCAPITULE...
QUELS SONT LES RÉSULTATS POSSIBLES EN FOOT ?
BEN, LA DÉFAITE, GAGNER ET ÉGALITÉ !
?
PAS DU TOUT, PAS DU TOUT! RHAAAA !
DANS VOTRE ESPRIT, VOTRE VOLONTÉ, VOS MUSCLES, IL N'Y A QUE GAGNER ET GAGNER! COMPRIS ?
... ET VOUS ÊTES MA MACHINE À GAGNER! VOUS EN ÊTES ABSOLUMENT CAPABLES !
SPORT

VOUS AVEZ DU TALENT, DE LA VITESSE, DE L'INTELLIGENCE; VOUS ÊTES PARFAITS ET AU TOP !!!
OUI MAIS, COACH, LE BALLON EST ROND ET, DU COUP, SES RÉACTIONS PEUVENT ÊTRE IMPRÉVISIBLES!
MAIS OUAIS!
HIRFS HIRFS!
HA LA LAA! QUESTION MOTIVATION, C'EST PAS DANS LE POCHE! QUELLE GALÈRE!
VOUS ME LAISSEZ ESSAYER ?
VESTIAIRES
VESTIAIRES
?
VESTIAIRES
ABSOLUMENT, ON DOIT GAGNER, LES GARS!
OUAIS! ON EST LES PLUS FORTS! ON FONCE!
C'EST LE MOMENT DE MOUILLER LES MAILLOTS, LES GARS!
CLAP CLOP CLAP CLOP CLAP
ALORS...LÀ!.. J'Y CROIS PAS! COMMENT TU AS FAIT ?
BEN... FACILE, COACH...
JE LEUR AI DIT QU'AUJOURD'HUI C'EST MON ANNIVERSAIRE ET QUE LE PLUS BEAU CADEAU QU'ILS PEUVENT ME FAIRE C'EST DE GAGNER CE MATCH !
foot

OUFFF!
FFRROOUT !
TRIIIIIIIT...TRIIIIIIIIIT...
TRIIIIIIIIIIIIIIII !!!
HÉ, CAPITANE!
TON MAILLOT,
TON MAILLOT...
FOOT MAG
SANDWICH
BON,...OK, ATTRAPE!
OUAISSS!
MAG
QUEL...BON SOUVENI...
HIRRRRFFFFFFSSSSHHH...
VANDCO
FOOT MAG
SANDWICH

POT!
5
!
3
21
PAF!
BOT!
CLOP
CLOP
!!
JUS DE POMME
BUT
3

ALLEZ MON GARS, ALLEZ! PASSE AU CENTRE!
'TTENTION! IL EST LÀ, JUSTE DERRIÈRE! PASSE, PASSE!
HOUAAAH!
MAIS, C'EST FAUTE, FAUTE!
TRIIIIIT!
MAIS SORTEZ LE CARTON JAUNE QUE DIABLE!
AH! VOILÀÀ! BRAVOO !
MAIS, ZUT ALORS! J'AI RATÉ UNE OCCASION!
AH! LAQUELLE COACH ?!
CHAT!
J'AURAIS DÛ LUI DEMANDER DE SORTIR LE CARTON ROUGE!

JE ME SUIS DONNÉ À 100% CETTE SEMAINE, JE SUIS EN SUPER CONDITION, POURQUOI JE NE SUIS PAS SUR LE TERRAIN POUR CE MATCH, HEIN?
TU ES LE REMPLAÇANT D'OLIVIER! ON NE DISCUTE PAS MES DÉCISIONS!...
UEFA
UEFA
UEFA
CARREFO
RESPECT
...S'IL N'EST PAS BON, TU JOUES, COMPRIS ?!
GRRRRR !!!
UEFA
PEU APRÈS...
ALLEZ OLIVIER, ALLEZ MON GARS! SHOT... DANS LE CADRE...
SHOT !
GOOOAALL !
OUAISSSS !!! EXCELLENT BUT!
IL EST POUR VOUS COACH, HÉ HÉ HÉ...
BRAVO, BRAVO MON GARS!
YEEEAAAAA!
FORMIDABLE OLIVIER, CONTINUE COMME ÇA! J'ATTENDS LE DEUXIÈME...
ÇA ROULE!
HOOUUUUUUUUUUU !!!
?

ARGH!
PAF!
WOUP!
OUF...OUF...OUFFF!!
TRIIIIIIIIIIIT !
AAGHH...AAGH...AAGHH!
HIAAAA...
HIAAAA !
AAAAGHH!
AAAAGH!
HUMM..
CE SERAIT BIEN UNE
JAMBE CASSÉE, ÇA!
AUFFFF...
AUFFFF...
AUFFFF...
QUINNNN...
!
BONNE DÉCISION,
MONSIEUR, MERCI !...

FOOT
CHOCO
PASSE
FROT
FROT
HOUH
HOUH
HOUH!
HOP...
UN, DEUX..
CHAMPION
BALLON D'OR
!
CRAK!
CHAMPIO
BALLON D'OR
?
VOYAGES
CUPILER
CUPILER

TEAM
?
FUN TEAM
CHAMPIONS LEAGU

WOUUU...BAAAA !!
HO..HO.. HOURRAAAA!
HA HA HAAAA!
YE...YE...YEAAAH!
OUAISSSSS !!!
?
HÉ, SAMUEL!
QU'EST-CE-QU'ILS ONT ? ILS PÈTENT UN CABLE OU QUOI ?
?
RHAAA !!! IMBÉCILE !
TOI, TU AS ENCORE OUBLIÉ TES LENTILLES !!
RESPECT

LAISSEZ-LE-MOI !
RESPECT
RRAAAH !
RESPECT
NON MAIS...T'ES CON ?! POURQUOI TU LUI AS LAISSÉ LE BALLON ?!
RESPECT
BEN...IL A ÉTÉ...EUH...TRÈS CONVAINQUANT !!
BOT !
RESPECT

GRAT
GRAT
?
FLAP!
?
GRAT
GRAT
GRAT
BOMP!
RESPECT

27
CHAMPIONS
ALLEZ, VITE!
DONNE-LE-MOI!
1
ADADAZ
RESPECT
2
8
PFFF...
PFFF...
PFFF...
AH NON !
ZUT ALORS !!!
...ATTRAPEZ-EN
AU MOINS UN DE TEMPS
EN TEMPS! SUIS
CREVÉ MOI !!

TRIIIIT!
?

POT!
RESPECT
CHAMPIONS
RESPECT
CHAMPIONS
?!
POM!
RESPECT
CHAMPIONS

Champion
CHOCO LA
?
BOT!

VVOOUUF!..
CHAMPIONS
RESPECT
BOT!
POT!
CHAMPIONS LEAGUE
ZONK!

BAAM!
!
0 2
RESPECT
PLAY STATION 5
RESPECT

PAF!
TRIIIT!
?
AAAGH!
AAAGH! AAAGH!
IDIOT !!!

RESPECT
CARREFOUR
SLAP!
?
?
RESPECT
CARR
PAF!
RESPECT
CARREF

VITE! RETENEZ ERIC AVANT QU'IL NE LE TUE! DÉPÊCHEZ-VOUS, IL DEVIENT PLUS ROUGE QUE LE CARTON, LÀ !!!
RESPECT
RESPE
5

TRIIIT!
AARGH!
AH LA LAAA !!
!
BOM!
SORTEZ !!
?
ATTENDEZ! NE VOUS MÉPRENEZ PAS, C'EST SUR MON JOUEUR ET SA FAUTE STUPIDE QUE JE ME SUIS ÉNERVÉ...
?
...ET CE N'ÉTAIT PAS DU TOUT CONTRE VOUS !..
QUOI !? CONTRE MOI ?! TU SORS OU JE T'EN COLLE UNE !!!

RESPECT
FOOT MAG
BONK!
FOOT
RESPECT
?
FOOT MAG
RESPECT
ARGH
BONK!

OOOAAGH !!!
PAF !
?
QUOI ? M'ENFIN !!
HÉÉÉ! MONSIEUR L'ARBITRE !!!
IL A FAILLI ME CASSER LE PIED,
ÇA MÉRITE UN CARTON ROUGE ET VOUS NE
SIFFLEZ MÊME PAS UNE FAUTE ?!..
MOUAIS! ET TOI, TU COURS VITE
AVEC UN PIED CASSÉ ! HEIN ?!

HHHMMMMMFF !
HOUUUUHHHHHH !
?

?
MAIS! D'OÙ IL SORT CELUI-LÀ ?!
RACHIIIID !! AU CENTRE, 'SUIS LÀ!
COCA MOLA
BALLON D'OR
CHIPS
RESPECT
ADADAZ
?!?
BOT!

HA HA HAAAA !
PUHA HA HAAA!!
?
GOOAAALL!

HOOUUUUUU !
HOOUUUUUU !
CHOUP
RESPECT
RESP
BADABOOM
WOOOOUUUUU!
YEEEEAAAAA !
CHIPS
RESPECT
BADABOOM
?
CHIPS
CHIPS
RESPECT
BADABOOM

À MOI, À MOIII! PAAASSE!
ET ALORS ?! ON FAIT DU PATINAGE ARTISTIQUE MAINTENANT ?
JOUEZ! Y'A PAS FAUTE! JOUEZ !..
ÇA ALORS !! BON !.. OK...
GOOOAALLL!
BOT!

FLAP!
?
RESPECT

CHAMPIONS
RADIO SPORT FM
DITES, COACH, JE VIENS D'AVOIR 60 BALAIS! S.V.P... LAISSEZ-MOI JOUER ENFIN !
VA T'ASSEOIR MON P'TIT! C'EST PAS ENCORE TON JOUR !
15

BULL
F.C
CHAMPION
MESSIEURS, ON SE CONCENTRE, ON S'APPLIQUE ET LA VICTOIRE EST À NOUS!
TRIIIIIIIIIT !
PFF! 1ÈRE MINUTE ET DÉJÀ UN BUT! MAIS QUE FAIT NOTRE DÉFENSE ? HEIN ?!

OUAISSSS! BUT, BUUUT !!!
GRRRRR !
MESSIEURS RÉVEILLEZ-VOUS! SI ON NE PARVIENT PAS À ARRÊTER ÇA, ON PEUT OUBLIER LA FINALE !!!
15
7
LAISSEZ-MOI FAIRE, LES GARS !
?
PAF!
T'ES SÛR QUE C'EST PAS UNE ERREUR?
MUCK!
TRIIIT !
JE VAIS TE TUER, RRRAHGHH !!!
DEHORS !

!
FIS FIS...
FIS FIS...
FIS FIS...
RESPECT

RESPECT
STATION
RESP
PIZZA MIAM
LAY STATION
13
LAY STATION
RESPECT
CLIC!
CLIC!
BOM!
BOM!
BOM!
CLIC!
CLIC!
CLIC!
GRRRMMFHH !
CLIC!
CLIC!
CLIC!
RRAAH!
?
12
13
PIZZA MIAM
STATION
RESPECT

FROT
FROT
GOOAALLL!
PAF!
POF!

BOM!
ZBAM!
BONK!
VLAM!
PIZZA
RESPECT
FLAP!
BAF!
?
CHAMPIONS

RESPECT
PASSE
WESTERN UNI
SPORT 24
BALLON D'OR
MIAM MIAM
COUP
MIAM MIAM
COUP
?
COOKIES
DZORT B
FORZA LOVE
KISS
LOVE
COOKIES
ADADAZ
KISS ME
DZORT BANQUE

CHAMPIONS... CHAMPIONS!... OLÉÉÉ OLÉÉÉ!...
LIVE SPORT
ADADAZ
RESPECT
CHAMPIONS... CHAMPIONS!... CHAMPIONS!... OLÉÉÉÉÉÉ!...
LIVE SPORT
ADADAZ
RESPECT
??
?
??
LIVE SPORT
ADADAZ
RESPECT
HOUUUUUUU ! HOUUUUUUU !
CHAMPIONS
LIVE SPORT

JE SUIS LÀ, FRANCK, PASSE !
PARFAIT! HOP...
BIÈRE
?
CHAMPIONS
SPORT CENTRE
HA HA... PAUVRE GARDIEN! QUELLE HUMILIATION!
MAIS C'EST PAS VRAI, HA LÀ LÀÀÀ!
AHEUM... RHEU! RHEU! RHEUU!
OCCUPÉ !!

ALLEZ CHAMPION, GO, GO, GOOO!
CHAMPION
ALLEZ
CHAMPION
ALLEZ...ALLEEEZ...
ARRRGH!
ALLEZ, ALLEZ, SHOT!
CHAMPION
BOT!
BLOF!
GOOO...
...AAALL!
CHAMPIONS
UMPH!
CHAMPION
MAIS, MAIS... ARRÊTE!
QU'EST-CE QUE TU FAIS ?!
BEN, TU NE VOIS PAS QU'IL
TE DEMANDE DE TE TAIRE ?!
ALLEZ CHAMPIONS

GOOOAAAALLLL !!!...
CHAMPIONS
STARS
OMBRO
OMBRO
ADADAZ
ÉHÉ ÉHÉ...
CHAMPIONS
CUPILER
SPORT FM
BALLON D'OR
ALLEZ
CHAMPIONS
RESPECT
WOUAH! QUEL BUT! TU JOUES COMME UN DIEU AUJOURD'HUI!
LOL
CHAMPIONS
STARS FOREVER
RADIO SPORT FM
SUPER BUT
TIENS! TU AVAIS UNE COPINE, TOI ?
BEN... NON, JUSTEMENT, J'ESSAIE D'EN TROUVER UNE !!
BIÈRE
RESPECT
COCA MOLA
SPORT CENTER

ARTHUR LANCE UNE ATTAQUE SUR L'AILE GAUCHE...ALLEZ ARTHUR, OUI... PASSE-LE !... OUAISSS !!!
IL A RÉUSSI! IL EST TRÈS RAPIDE ! JE PENSE QUE LE BUT EST EN VUE !
WAOUUHH ! QUELLE MAGNIFIQUE FEINTE DE FRAPPE !! BRAVOOOO !
QUEL TALENT MAIS, QUEL TALENT !!! VOILÀ, IL A TROUVÉ LA BONNE OCCASION! ALLEZ ARTHUR...ALLEZ...
TOUT À FAIT THIERRY !!
HA LÀ LÀÀÀÀ ! IL DANSE CARRÉMENT AVEC LE BALLON !...
...QUELLE VALSE, QUEL TANGO, QUEL SWING...OUI, IL EST DEVANT LE BUT, IL... IL VA TIRER...OUI...OUIIIII....
TIRE!...
MAIS... TIIRE!
?
?
MAIS VAS-Y! TIRE CONNARD !!!

ULTRAS
KILL FOR YOU!
CHAMPIONS
ULTRA FUNS
ALLEZ
DROIT AU BUT!
STARS FOR EVER
3 0
VVOOUUUUUFFFF
!
PAF!

C'EST LE MOMENT DE RIRE...

adadaz
4
10